예스어학원
여우네 부대찌개 2층

시원 쌤과 함께하면 영어가 쉬워진다!

YES 어학원

수업만 들어도
영어 단어 연결
100%

밥처럼

여우네 부대찌개

라면 사리
추가 쿠폰

예스잉글리시
신입 단원 모집

코드 네임 : 에스원 요원과
영어 유니버스를 구하라!

English Adventure
이시원의
영어
대모험

일러두기

이 책의 만화에 나오는 영어 문장 중 일부는 이야기의 자연스러운 이해를 위해 의역했습니다.
그 외의 영어 문장은 학습적인 이해를 돕기 위해 직역했습니다.

이시원의 영어 대모험 ⑲
동명사

기획 시원스쿨 | **글** 박시연 | **그림** 이태영

1판 1쇄 인쇄 | 2023년 4월 14일
1판 1쇄 발행 | 2023년 4월 24일

펴낸이 | 김영곤
이사 | 은지영
키즈스토리본부장 | 김지은
키즈스토리2팀장 | 윤지윤 **기획개발** | 고아라 최지수 강혜인
아동마케팅영업본부장 | 변유경
아동마케팅1팀 | 김영남 황혜선 이규림 정성은
아동마케팅2팀 | 임동렬 이해림 안정현 최윤아
아동영업팀 | 한충희 강경남 오은희 김규희 황성진
디자인 | 임민지

펴낸곳 | (주)북이십일 아울북
등록번호 | 제406-2003-061호
등록일자 | 2000년 5월 6일
주소 | 경기도 파주시 회동길 201(문발동) (우 10881)
전화 | 031-955-2155(기획개발), 031-955-2100(마케팅·영업·독자문의)
브랜드 사업 문의 | license21@book21.co.kr
팩시밀리 | 031-955-2177
홈페이지 | www.book21.com

ISBN 978-89-509-8510-3
ISBN 978-89-509-8491-5(세트)

- 잘못 만들어진 책은 **구입하신 서점**에서 교환해 드립니다.
- 가격은 책 뒤표지에 있습니다.

⚠ 주의 1. 책 모서리가 날카로워 다칠 수 있으니 사람을 향해 던지거나 떨어뜨리지 마십시오.
2. 보관 시 직사광선이나 습기 찬 곳을 피해 주십시오.

KC
- **제조자명** : (주)북이십일
- **주소 및 전화번호** : 경기도 파주시 회동길 201(문발동) / 031-955-2100
- **제조연월** : 2023.4.24
- **제조국명** : 대한민국
- **사용연령** : 3세 이상 어린이 제품

만 화 로 시 작 하 는 이 시 원 표 초 등 영 어

기획 시원스쿨
글 박시연
그림 이태영

아울북 × 시원스쿨닷컴

작가의 말

안녕하세요? 시원스쿨 대표 강사 이시원 선생님이에요. 여러분은 영어를 좋아하나요? 아니면 영어가 어렵고 두려운가요? 혹시 영어만 생각하면 속이 울렁거리고 머리가 아프진 않나요? 만약 그렇다면 지금부터 선생님이 영어와 친해지는 방법을 가르쳐 줄게요.

하나, 지금까지 배운 방식과 지식을 모두 지워요!

보기만 해도 스트레스를 받고, 나를 힘들게 만드는 영어는 이제 잊어버려요. 선생님과 함께 새로운 마음으로 영어를 다시 시작해 봐요.

둘, 하나를 배우더라도 정확하게 습득해 나가요!

눈으로만 배우고 지나가는 영어는 급할 때 절대로 입에서 나오지 않아요. 하나를 배우더라도 완벽하게 습득해야 어디서든 자신 있게 영어로 말할 수 있어요.

셋, 생활 속에서 자주 쓰이는 표현을 배워요!

우리 생활에서 쓸 일이 별로 없는 단어를 오래 기억할 수 있을까요? 자주 사용하는 단어 위주로 영어를 배워야 쓰기도 쉽고 잊어버리지도 않겠죠? 자연스럽게 영어가 튀어나올 수 있도록 여러 번 말하고, 써 보면서 잊지 않게 하는 것이 중요해요.

이 세 가지만 지키면 어느새 영어가 정말 쉽고, 재밌게 느껴질 거예요. 그리고 이 세 가지를 충족시키는 힘이 바로 이 책에 숨어 있어요. 여러분이 〈이시원의 영어 대모험〉을 읽는 것만으로도 최소한 영어 한 문장을 습득할 수 있어요.

단어와 단어를 연결하는 방법도 자연스럽게 익히게 될 거예요. 게다가 영어에 관련된 흥미로운 이야기들을 알게 되면 영어가 좀 더 친숙하고 재미있게 다가올 거라 믿어요!

자, 그럼 만화 속 '시원 쌤'과 신나는 영어 훈련을 하면서 모두 함께 영어의 세계로 떠나 볼까요?

시원스쿨 기초영어 대표 강사 **이시원**

영어와 친해지는 영어학습만화

영어는 이 자리에 오기까지 수많은 경쟁과 위험을 물리쳤답니다. 영어에는 다른 언어와 부딪치고 합쳐지며 발전해 나간 강력한 힘이 숨겨져 있어요. 섬나라인 영국 땅에서 시작된 이 언어가 어느 나라에서든 통하는 세계 공용어가 되기까지는 마치 멋진 히어로의 성장 과정처럼 드라마틱하고 매력적인 모험담이 있었답니다. 이 모험담을 듣게 되는 것만으로도 우리 어린이들은 영어를 좀 더 좋아하게 될지도 몰라요.

영어는 이렇듯 강력하고 매력적인 언어지만 친해지기는 쉽지 않아요. 우리 어린이들에게 영어는 어렵고 힘든 시험 문제를 연상시키지요. 영어를 잘하면 장점이 많다는 것은 알지만 영어를 공부하는 과정은 어렵고 힘들어요. 이 책에서 시원 쌤은 우리 어린이 주인공들과 영어 유니버스라는 새로운 세계로 신나는 모험을 떠난답니다.

여러분도 엄청난 비밀을 지닌 시원 쌤과 미지의 영어 유니버스로 모험을 떠나 보지 않을래요? 영어 유니버스의 어디에선가 영어를 좋아하게 된 자신의 모습을 발견하게 될지도 몰라요.

글 작가 **박시연**

영어의 세계에 빠져드는 만화

영어 공부를 시작하는 어린이들은 모두 자기만의 목표를 가지고 있을 거예요. 영어를 잘해서 선생님께 칭찬받는 모습부터 외국 친구들과 자유롭게 영어로 소통하는 모습, 세계적인 유명인이 되어서 영어로 멋지게 인터뷰하는 꿈까지도요.

이 책에서는 어린이들이 공감할 수 있도록 영어를 배우며 느끼는 기분, 상상한 모습들을 귀엽고 발랄한 만화로 표현했어요. 이 책을 손에 든 어린이들은 만화 속 인물들에게 무한히 공감하며 이야기에 빠져들 수 있을 거예요. 마치 내가 시원 쌤과 함께 멋진 모험을 떠나는 것 같은 기분을 느낄 수 있도록요.

보는 재미와 읽는 재미를 함께 느낄 수 있는 만화를 통해 영어의 재미도 발견하기를 바라요!

그림 작가 **이태영**

차례

Good job!

예스어학원 수업 시간 · 124

등장인물

시원 쌤

비밀 요원명 에스원(S1)
직업 영어 선생님
좋아하는 것 영어, 늦잠, 훈련
싫어하는 것 노잉글리시단
취미 훈련하기
특기 굿 잡 외치기
성격 귀차니스트 같지만 완벽주의자
좌우명 영어는 내 인생!

줄리 쌤

비밀 요원명 제이원(J1)
특기 변장하기

미스터 보스

직업 노잉글리시단 보스
좋아하는 것 지령서 쓰기
싫어하는 것 영어, 예스잉글리시단
취미 선글라스 모으기
특기 불길한 예언하기
성격 비밀제일주의
좌우명 영어 없는 세상을 위하여!

타이거

좋아하는 것 미스터 보스
싫어하는 것 예스잉글리시단

루시

좋아하는 것 너튜브 방송
싫어하는 것 나우, 우쭐대기
좌우명 일단 찍고 보자!

나우

좋아하는 것 랩, 힙합
싫어하는 것 혼자 놀기
좌우명 인생은 오로지 힙합!

후

좋아하는 것 축구
싫어하는 것 말하기
좌우명 침묵은 금이다!

리아

좋아하는 것 동물, 우주
싫어하는 것 빅캣 타임
좌우명 최선을 다하자!

예비 요원들

예스잉글리시단 유니버스

화악

으악! 여긴 어디지? 기차 안 같은데….

쌤, 설마 여기가 예스잉글리시단 유니버스예요?

화아악

요우~ 시공간을 뛰어넘는 신나는 모험, 렛츠 겟잇!

짠! 여기가 바로 예스잉글리시단의 본부란다.

두둥

헉! 기차 안에 예스잉글리시단 본부가 있다니!

Welcome aboard!

우아, 진짜 크다!

여기 온 건 정말 오랜만이야.

언제 오고 안 왔는데염?

정식 요원인 에이전트가 된 후엔 온 적이 없지.

그렇구나.

그럼 여긴 누가 타고 있는 거예요?

* 좌표: 특정 위치를 지정하기 위해 사용되는 값.

여기엔 예스잉글리시단 단장님과, 단원들 중 에이전트가 되기 위해 훈련 받고 있는 예비 요원들만 탑승하고 있어. 너희도 예비 요원들인 셈이지.

쌤도 여기서 훈련을 받았단다. 꼭 20년 전이구나.
네? 20년 전이라고요?
우리 쌤 대체 몇 살이신 건지….

모른 척
흠흠! 그래서 이 유니버스를 '예스열차'라고도 하고, training train이라고도 한단다.
쌤, 말 돌리지 마세요. 그런데 training train은 무슨 뜻이에요?
스웨웨웩~~ train은 열차, training은 나도 모르지~.

저 알아요! training은 '훈련'이란 뜻이니까 training train은 '훈련 열차'라는 뜻이에요.
맞아. 이곳은 예비 요원들을 훈련시키는 사관 학교이자, 멈추지 않고 움직여야만 하는 열차란다.

열차가 멈추면
어떻게 되는데요?

흠, 그건
비밀이야.

큰일이 벌어질
거라는 정도만
알아 둬.

하지만 그럴 일은 없어.
예비 요원들의 가장
중요한 임무가 이 열차를
계속 움직이는 거거든.

척

**그럼 혹시
미스터 보스가
이 열차를 멈추게
하려는 거 아닐까요?**

아마도 그런 것 같아.
이 열차의 경로를 알아낸 건
미스터 보스가 처음이야.

역시 보스는
보스인가 봐요, 맨!

미스터 보스까지
나서다니… 열차가 멈추면
어떤 큰일이 생기는지
너무 궁금해요!

그건!
에이전트가 되는 날
알 수 있단다!
척
그렇다면 루시는
꼭 에이전트가
되고 말겠어요!
불끈
나도, 나도!

그런데
미스터 보스는
어디 있을까요?
분명
열차에 타고
있을 텐데….
스윽

얘들아!
다음 열차 칸으로
넘어가 보자!
렛츠 고고~!
탁
탁 탁

흐뭇
WELCOME
BACK,
AGENT S1!
우아, 쌤이
돌아온 걸
환영한대요!
음…
내가 이곳에 온지
어떻게 알고….

Can you name the two things you can never have for breakfast?

앗, 쌤!
문 앞에 영어 문장이
떠올랐어요.

콰
콰
콰
콰

얼음장처럼 차가운 폭포를 맞으며 영어 단어를 외치고!

block 막다, bomb 폭격하다, boss 상관!

숨이 막히는 뜨거운 곳에서도 영어 test는 계속되었지.

훈련을 뜻하는 영단어는 discipline, training, drill, exercise!

하아
하아
하아
이글
이글

* 분홍색 단어의 발음이 궁금하다면 127쪽을 펼쳐 보세요.

* 절대 포기하지 않겠습니다!

이제 와 생각해 보면 꽤 재미있었다니까.
쌤이 정말 그걸 다 통과했단 말이에염?
우아… 대단해요!
훗~
정말 멋져요, 쌤!

그런데 애들아, 퀴즈 정답이 뭘까?
글쎄.
이걸 풀어야 들어갈 수 있는데….

깜박 깜박
lunch or dinner

와! 진짜 문이 열리네!
딸칵
이럴 수가! 리아 리스펙트~.

리아의 퀴즈 센스가 영어 실력만큼이나 대단하구나!
에이이~ 그냥 찍은 건데, 뭐.

좋아, 그럼 어서 다음 칸으로 가 보자!
렛츠 고고~!
HIP HOP

으앗! 이, 이게 다 뭐야?
오 마이 가스레인지~!
설마 여기가 예비 요원들의 훈련장?!

둥실
둥실
전방에
영단어 발견!
level
파슝

으악~
균형 잡는 게
쉽지 않네!
speed
size
heat
power
파슝
전 소대
집중 사격!
파슝

겉보기엔
그냥 게임장
같은데….

아니, 여기는
열차의 훈련 칸이야.

요우~
훈련 칸이라고염? 다들
게임을 즐기고 있는 것
같은데염?

척

쌤이 훈련받을
때와는 많이
변했구나.

나 때는 정말
영혼까지 탈탈 털리는
지옥 훈련이었는데….

아련

진지해야 할
훈련을 이렇게
게임처럼 즐기다니….

쌤….

...

당황

왜, 왜 그런
눈으로 보니?

쌤, 솔직히
말해 봐요.
우리
할아버지보다
나이 많죠?
아, 아니거든!
버럭
흠흠! 쌤은
너희 막냇삼촌
또래란다.
에이이~ 누굴
속이려고요!
와썹~ 쌤이
거짓말하면
못써염!
척
처음 보는
얼굴들 같은데,
너희는 누구니?
응?
혹시, 새로 온
예비 요원들?

엉망이 된 훈련 칸

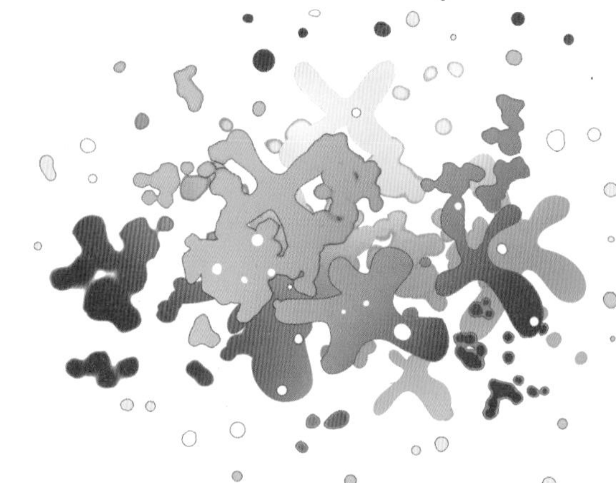

저는 여기
훈련 칸의 반장,
루루라고 해요!

반갑구나, 루루!

나는 에이전트
에스원이란다.

깜짝

에스원이라면
혹시 예스잉글리시단의
그 전설적인 에이전트?

* 분홍색 단어의 발음이 궁금하다면 127쪽을 펼쳐 보세요.

부,
부러운 건가?
그렇다고
하지, 뭐.
HIP
HOP

이거 참 쑥스럽네.
그나저나 루루! 혹시
수상한 사람 못 봤니?
휙

수상한
사람이요?
실은 미스터 보스가
이 열차에 탄 것 같아.

미스터 보스라면
노잉글리시단의
대장이잖아요!
맞아, 미스터 보스는
예스잉글리시단 유니버스를
노리고 있어.

이럴 수가!
미스터 보스가
어떻게 여길 알고
찾아온 거죠?

다행히 아직
보진 못했어요.
후유~

이상하구나.
미스터 보스가 침입했다면
틀림없이 여기 훈련 칸부터
공격할 텐데….
흐음
그럼 지금 이러고
있을 때가 아니에요. 어서
그 악당을 찾아야죠!
딱
역시
반장답군!
일단 훈련 칸을
둘러볼까요?
우르르
그래!
얼른 가자꾸나.
오! 여기 완전
재미있어 보여.
펑
펑
zero
펑
빵야~ 빵야~
나도 한번
해 보고 싶다, 맨~!
우리 훈련 칸의
특징은 즐기면서
훈련하는 거야.
맘껏 구경하라고.

두 시 방향에
영어 단어 풍선 출현!
펑
triangle
circle
열 시
방향에도 출현!
펑
square
푸슝
펑
푸슝
푸슝
예비 요원들이 어떤 유니버스에도 잘 적응할 수 있게 훈련하고 있어요.
멋지구나, 루루. 확실히 내가 훈련받을 때와는 다르구나.

둥실
이야호~!
신난다~!
여긴 훈련 칸에
있는 무중력실이야.
둥실
아~ 그래서 다들
둥둥 떠 있었구나!
둥실
와썹~
재미있겠썹!
예비 요원들은
무중력실을 신나게 날아다니며
우주에서 움직일 수 있는
감각을 익히고 있어.
진짜
재미있겠다.
요우~
나도 날고 싶어!
HIP HOP

너희도
해 볼래?
리얼리~?
할래!
할래!
그럼 먼저
우주복으로
갈아입어!
하하! 이 정도면
우주 유니버스에 가도
끄떡없겠는걸?
진짜 우주인이
된 기분이에요!
붕
렛츠 기릿~
렛츠 두잇~!
123 유니버스에
갔을 때보다 더
재미있는 것 같아.
부웅
부웅
붕
뭐라고?
유니버스?

너희, 다른 유니버스에 간 적이 있어?
우린 시원 쌤을 따라 여러 유니버스를 돌아다니고 있는걸?
맞아, 유니버스에서 만난 친구들도 얼마나 많은데!
HIP HOP
I ♥ NY
루루도 곧 가게 되지 않을까?
우르르..
진짜 부럽다! 역시 에스원이 가르치는 예비 요원은 다르군요!
헛!!
S
그런데 루루, 이 재미있는 훈련법은 누가 개발한 거니?
하하~ 바로 저예요!
제 꿈은 저만의 훈련법을 전 세계에 알리는 거예요. 그래서 이 예스열차에 올라탔어요.
세계 공용어인 영어로 훈련법을 널리 알리려는 거구나?
당당

네, 맞아요!
많은 사람들이 쓰는
영어를 통해 알리면
좋겠더라고요.
영어도 지키고
훈련법도 만드는
멋진 에이전트가
되고 싶어요.
루루, 너라면 꼭
그렇게 될 거야.
척

아아~ 나는
미스터 보스!
치익
치지직
헉!
미스터 보스?

지금부터
예고 방송을
시작하겠다!
루루,
넌 훈련을 곧
포기하고 말 거다!
저게 바로
미스터 보스의
목소리…?
HIP HOP
내가 훈련을
포기한다고?
말도 안 돼!
요우~
드디어 모습을
드러내는 건가?

루루!
열차 맨 앞 칸이
관제* 칸 맞지?
방송실도 거기
있고?
네,
맞아요.

그렇다면
미스터 보스는
바로 거기에
있겠군.

미스터 보스가
진짜 예스열차 안에
있을 줄이야.
그런데 왜
미스터 보스는 네가 훈련을
포기한다고 한 걸까?

말도 안 되는
헛소리를
한 거겠죠!

쩌적
쩌억
쩌적
헉! 이게
무슨 소리지?

* 관제: 관리하여 통제함.

오 마이
갓김치~!
루루 살려!
꺄아악!
와장창
장창
조심해,
얘들아!
아이고….
왜 갑자기
무중력실 유리가
깨진 거지?
스윽

쌤! 대체 이게
어떻게 된 거죠?

글쎄, 나도
잘 모르겠구나.

둥실

둥실

무중력실이
파괴되면서
훈련 간 전체가
무중력 상태로
변한 것 같아요!

요우~ 나우가
또 하늘을
날고 있어염!

둥실

쿵
어이쿠!
으악!

아이고~.
퍽

반장! 이럴 땐
어떡해야 해?
방법을
알려 줘!
후, 훈련받은 대로 해!
훈련받은 대로!

이런 돌발
상황에 대한 훈련은
못 받았어!
빨리
방법을 좀
찾아봐!
물감 총이나
쏘던 훈련은
별 도움이
안 된다고!
훈련 칸 전체가
무중력 상태가 되니
버티기 너무 힘들어!

* 난 사람들을 이렇게 훈련시키는 걸 포기할 거야!

정말 멋진
훈련법이라고
생각했는데….
이게 다
미스터 보스
때문이에염!
둥실
둥실
둥실
미스터 보스의
말대로 되다니
큰일이구나.

어서
관제 칸으로
미스터 보스를
잡으러 가요!
저기로 가면
다음 칸으로 갈 수 있는
문이 나올 거예요. 관제 칸은
열차 맨 앞에 있어요.
고맙구나. 얼른
미스터 보스를 잡아서
모든 걸 정상으로
돌려놓자꾸나.

좋아요!
루루, 너도 같이
갈 거지?
콰악

아니,
난 안 가!
탁
어? 왜?

내가 예스열차에
탑승했던 건 멋진 에이전트가 되어
내가 만든 훈련법을 전 세계에
알리고 싶어서였어.

그런데 돌발 상황에
내 훈련법은 하나도 소용없었어….
에이전트로서 실격이야.
울먹

더 이상 열차에
있을 이유가 없어.
내 꿈도 끝이야.
추욱~
루루…!

루루,
나에게도
꿈이 있어!
응?

내 꿈은 세계적으로
유명한 뷰티·패션 너튜버가
되는 거야!
척

그런데 너튜브에 올린
내 영상을 보고 사람들은
악플을 달아댔지.
저런!
스윽

나는 절망감을 느껴서 한때 빌런이 되기도 했어.
루시, 네가 빌런이?!
응. 하지만 정신을 차리고 다시 도전하기로 했지! 알고 보니 날 응원하는 사람들도 많더라고?
전 세계인이 볼 수 있게 영어를 활용한 콘텐츠도 만들고
뷰티와 패션에 대한 공부도 했어! 지금은 구독자도 많이 늘었고 악플보다 선플이 훨씬 많아.
대단하다, 루시.
루루도 할 수 있어! 미스터 보스를 잡아 훈련 칸을 원래대로 돌리고 더 강력한 훈련법을 만들자!
척

그래, 알겠어! 일단 내 훈련장을 망친 미스터 보스부터 잡는 거야!
파악
좋았어!

앗, 쌤! 여기에도 영어로 된 질문이 있어요!

What has a head and a tail but no body?

혹시 또 난센스 퀴즈?

Chapter 3

주방 칸에서 생긴 일

쌤, 저 알겠어요!

따악

오, 리아가 또?

정답은 바로 이 동전이에요.

팅!!

엥? 동전이라고? 어째서?

휙

휙

동전에는 앞면과 뒷면밖에 없잖아. 앞면을 머리, 뒷면을 꼬리라고 여긴다면 몸은 없는 거겠지?

치이이
치이
뭘 만들고 있어?
부글
난 우리 이탈리아 사람들이 즐겨 먹는 맛있는 파스타를 만들고 있어!
부글
우아~ 무슨 주방이 이렇게 넓지?
킁킁~ 냄새가 끝내준다, 맨~.

탁탁탁
우리 영국의 대표 음식 피시 앤 칩스도 만들어 볼까?
난 우리 우간다 사람들이 즐겨 먹는 마토케란 음식을 해 보겠어.
치이이이
탁탁탁
이곳에서는 세계 각국의 요리를 맛볼 수 있겠어요.
치이~
맞아, 주방 칸은 예스열차에서 훈련받고 있는 모든 예비 요원들의 식사를 책임지고 있어.

그런데 예스열차에는 참 다양한 나라의 예비 요원들이 활동하고 있네염?

세계 여러 나라에서 20억이 넘는 인구가 영어를 쓰고 있어. 영어를 사랑하는 예비 요원들을 세계 곳곳에서 선발했으니 당연하지 않겠니?

치이이

치이

치이이

이렇게 다양한 사람들이 영어를 쓰고 있기 때문에 영어는 계속 발전하는 거란다.

아하! 영어를 사랑하는 마음에는 국경도 나이도 없네요, 맨!

루루야,
용기를 잃지 마.
너의 훈련법은
정말 훌륭해.
요우~ 조금만 더
보완하면 멋진 훈련법이
나올 거다, 맨~!
툭
툭
HIP HOP
I ♥ NY

고마워요, 모두.
나, 용기를 낼게.
불끈

척
저는 주방 칸의 반장
마이클이에요. 여긴 아무나
들어오면 안 된다고요.

그런데
누구세요?
응?
HIP HOP

반갑다, 마이클.
나는 에이전트
에스원이야.
얘들은 내가 가르치는
루시와 나우 그리고
리아와 후란다.
만나서
반가워!
HIP HOP
I ♥ NY

에스원이라고요?
혹시 예스
잉글리시단의
전설적인
에이전트?

하하…!
쑥스럽구먼….
부끄

완전 대박~
그 유명한 선배님을
직접 만나게 되다니
정말 영광이에요.
하하!
고, 고맙구나.
와~ 우리
쌤이 유명하긴
유명한가 봐.
방
방
왠지 내 어깨가
으쓱거려지는데.
역시 우리
쌤은 멋져!

마이클, 혹시 주방 칸에서
이상한 일은 없었니? 수상한
사람을 봤다든가….
?
수상한 사람이요?
못 봤는데요.

미스터 보스, 대체
무슨 꿍꿍이속이지?
음...
S

헉! 미스터 보스라면
노잉글리시단의 보스인
그 악당 말인가요?
그래,
맞아.

실은 미스터 보스가
루루의 훈련 칸을
망쳐 버렸단다.
헉! 정말?
척
시무룩

주방 칸에서도
무슨 일이 벌어질지
몰라.

그럼 빨리
수상한 점을
찾아봐요.
그, 그러자꾸나.
휙
콰악

쌤,
잠시만요.
턱
응?
왜 그러니,
리아야?

미스터 보스가
관제 칸에 있을 텐데
여기서 시간 낭비하면
안 될 것 같아요.
미스터 보스의
음모를 막으려면
먼저 그자부터
잡아야 해요!

그럼 이건 어때요?
미스터 보스가
주방 칸을 망치기
전에 우리가 막으면
되잖아요!
그렇긴 한데….

아까도 무중력실에
금이 간 걸 미리 찾아냈더라면
유리가 깨지는 걸 막을 수
있었을 거야.
불끈

주방 칸도 마찬가지야.
게다가 주방 칸이
엉망이 되면 우리 모두
굶주리게 된다고.
끄덕

루루 말도
일리가 있구나.

리아는
어떻게 생각하니?
루루 말이
맞는 것 같아요. 어서
수상한 점이 있는지
살펴봐요!

우르르
그럼 제가
우리 주방 칸을
안내할게요.
고맙구나,
마이클.

* recipe[ˈresəpi]: 요리법.

오~ 마이클의
요리에 대한 열정이
정말 대단하구나!

척

레시피를
연구하기 위해
영어 공부까지!

요우~
마이클의 열정
리스펙트~!

마이클은 진짜
요리를 좋아하는구나?

응! 내 꿈은 영어로
된 최고의 요리책을
만드는 거야.

그래서
이 예스열차에
올라탔어.
내 꿈을 이루기
위해 꼭 필요한 영어를
노잉글리시단으로부터
지키려고 말이야!

마이클도
훌륭한 에이전트가
되겠는걸?
너의 꿈을
응원할게.

치이익
치익
아~ 아~
여기는 방송실!
나는 미스터 보스다!

마이클, 넌 요리를
곧 포기하고 말 거다!
내 말이 맞을걸?
으윽!
저런 악담을
또 하다니!
정말
너무해.
HIP HOP
I ♥ NY

마이클! 어서 주방 칸에 이상이 없는지 살펴보는 게 좋겠구나.
네!

저쪽에 제가 세계 각국의 식재료를 모아 놓은 저장고가 있어요. 거기부터 살펴봐요.
척

그러자꾸나!
우르르...

바로 여기예요!

덩

오~ 저장고가 엄청 많네?

우아, 여기에 식재료들이 가득 있는 거야?

빵야~ 빵야~♪ 맛있는 냄새가 날 것 같아!

응~ 냄새도 맡아 봐.

철컹

신선한 재료들이라 냄새도 얼마나 좋은데.

어때?
냄새 좋지?

킁
킁킁….

엥?
아무 냄새도
안 나는데?
킁킁~ 혹시
코가 막힌 건가?
요우~ 나도
안 난다, 맨~!

그럴 리가?
파악

어? 이게
어떻게 된 거지?

* 나만의 레시피를 개발하는 걸 계속할 수 없으니 그만둘 거야!

어헝~
어헝~♩

오 예~
오 예~♪

어헝~ 어헝~♪
마이클 넌 꿈이 있지~♬
어헝~ 어헝~♪
나도 꿈이 있어~♬

갑자기 웬
노래야…?

잘 들어 봐!
마이클은
내게 맡겨~♪

Chapter 4

위기일발 엔진 칸

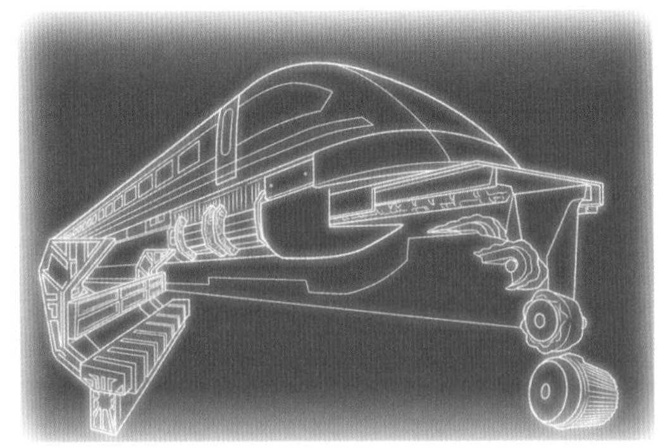

네 꿈은
요, 요, 요~
요리왕~♪

내 꿈은 힙,
힙, 힙~ 힙합왕~
the king of
hiphop~♬
어헝
HIP HOP

포기란
배추를 셀 때나
쓰는 말~♬
어헝
어헝
어헝
HIP HOP
HIP HOP

난 절대
안 포기~♪
넌 포기?
척
윽!

꿈을 쉽게
포기하지 마, 맨~.
헉헉

나도 절대
안 포기! 고마워,
맨~.
헤이~
브라더~.
툭
굿 잡~!

웬일이래!
나우가 누군가를
설득하다니!
진심을 담아 노래한
나우 모습에 마이클도
감동한 모양이구나.

그나저나 예비 요원들이
동명사를 써서 외치는 말들이
힌트 문장이 되는 것 같구나.
동명사요?

* 이시원 선생님이 직접 가르쳐 주는 강의를 확인하고 싶다면 129쪽을 펼쳐 보세요.

먼저 동사와
동사를 함께 쓸 수 없어서
동명사를 쓰는 경우야.
enjoy(즐기다)+read(읽다)
팟
I enjoy reading comics.
(난 만화책 읽는 걸 즐겨.)

이번엔 전치사
뒤에 명사가 와야 하니까
동명사를 쓰는 경우야.
at+speak(말하다)
He is good at
speaking English.
(그는 영어로 말하는 걸 잘해.)
파~앗

마지막으로
동사를 주어 자리에
두어야 할 때야.
Hitting the ball
is interesting.
(공을 치는 것은 재미있어.)
팟~

그럼 마이클도
동사 continue와 create를 함께 쓸 수
없어서 create에 -ing를 붙여 동명사
문장을 말한 거군요?
리아가 아주
잘 이해했구나!
딱

그런데
어떨 때 힌트 문장이
나오는 걸까요?
글쎄, 아마도
미스터 보스의 방송과
관련이 있는 것
같구나.

미스터 보스를
잡으면 모든 게 밝혀지겠지.
미스터 보스가 다른 칸도
망치기 전에 서두르자!
마이클,
같이 가자.

미스터 보스,
기다려라!
우리가 간다!
렛츠 기릿~
렛츠 두잇~!
탁 탁 탁 탁
헉,
또 퀴즈가?

What has no beginning and no end?

쌤, 무슨 뜻이에요?

흠….

이번에도 난센스 퀴즈인가?

시작도 끝도 없는 것은 무엇인가?

에잉? 그게 뭐지?

풋!

퀴즈의 난도*가 점점 높아지는구나.

에이~ 너무 쉬운 거 아닌가염? 정답은 원, circle!

* 난도: 어려움의 정도.

* 분홍색 단어의 발음이 궁금하다면 127쪽을 펼쳐 보세요.

우아~ 저
거대한 기계는
대체 뭐지?
치이~
치이이

* 매머드급: 크기나 규모가 일반적인 수준을 넘어서 매우 큰 등급.

치이이…
치이
예스열차의 규모는 상상을 초월하는구나.
댓츠 그레잇!
이런 건 무조건 찍어야 해.

오~
에스원이라면
저도 알아요!
예스열차에서
우리 시원 쌤은
스타네, 스타!
왠지
뿌듯한걸.

저 거대한
엔진을 책임지고 있는
탁룡이야말로
최고 같은데?
전 그냥 엔진을
좋아할 뿐이에요.

자신의 일을
좋아하고 즐기면서
하는 게 진짜
멋진 거야!
맞아요,
쌤!

그런데 여기에는
어쩐 일이에요?
미스터 보스를
쫓아왔단다.

헉! 미스터 보스라면
노잉글리시단을 이끄는
그 악당?
맞아, 그자가
예스열차를
공격하고 있어.

이미 훈련 칸과
주방 칸이 공격을
받았단다.

헉! 그게
정말이야?
끄덕
응.
여기 엔진 칸도
언제 공격당할지 몰라.

당장 엔진 칸에
이상한 점은 없는지
살펴보는 게 좋겠어요.
저벅
휙
저벅
다 같이
흩어져서
찾아보자!

혹시 엔진에
이상 없었어?
응, 없는데?

혹시 엔진
칸에서 이상한 사람
못 봤니?
땅
땅
전혀!
땅

내가 열차에서 내린다고? 대체 무슨 소리지?

어떡해! 미스터 보스가 탁룡한테도 불길한 말을 남겼어.

요우~ 미스터 보스의 말대로 될 것 같은 불길한 예감이 든다, 맨~.

엔진 칸에도 무언가 음모를 꾸며 놓은 게 분명해.

HIP HOP

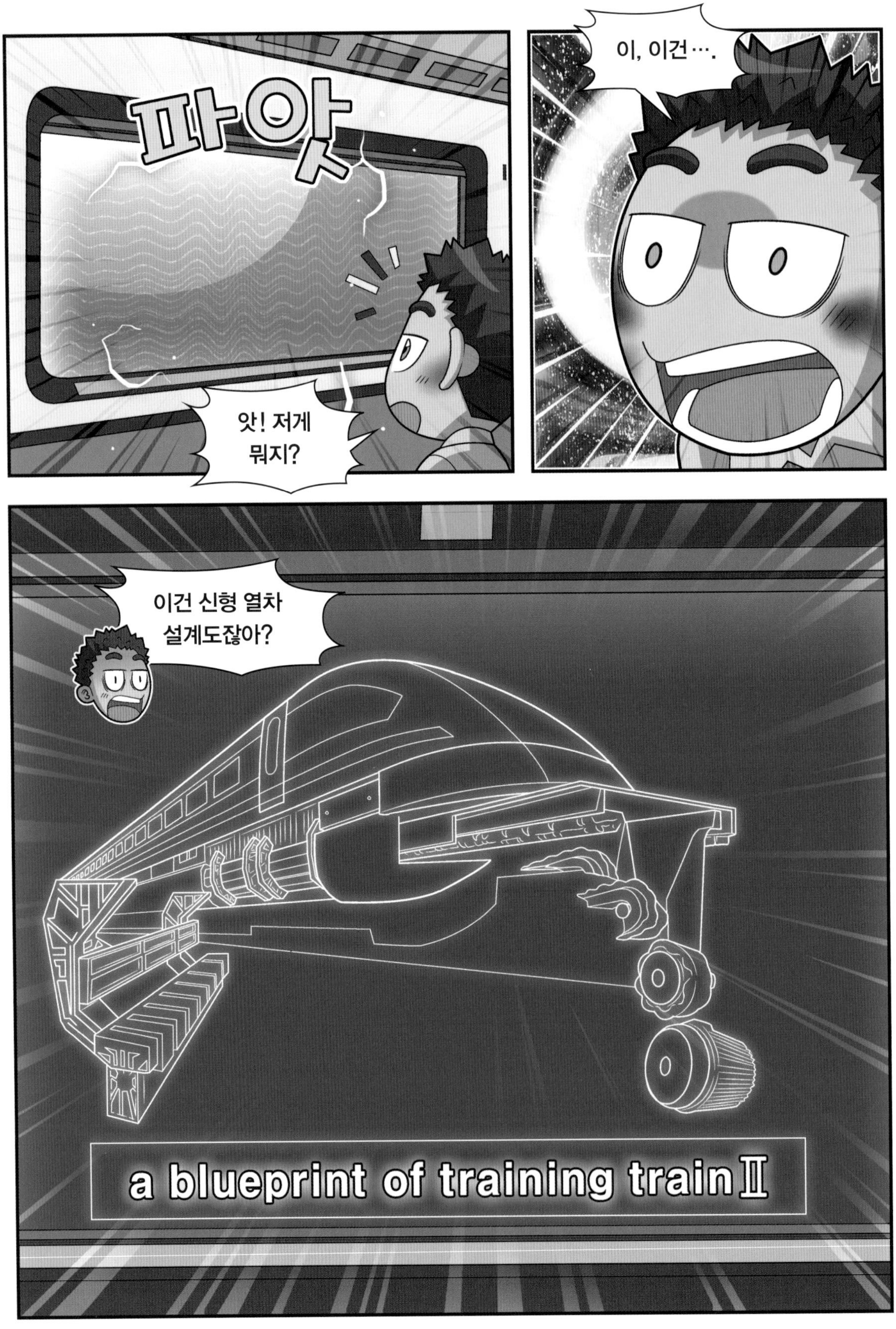

이건 신형 열차 설계도잖아?

a blueprint of training train Ⅱ

* 자기력: 자석이나 전류끼리, 또는 자석과 전류가 서로 끌어당기거나 밀어 냄으로써 서로에게 미치는 힘.

* 내 엔진을 사용하는 걸 그만두면, 난 이 열차에서 내릴 거야!

헉! 탁룽이 외친 말이
영어로 들렸어요.
요우~ 또 힌트가
나온 건가염?

그래. 탁룽이 동명사
using을 써서 '내 엔진을 사용
하는 걸 그만두면, 난 이 열차에서
내릴 거야!'라고 말했어.
네? 그게
무슨…!

엥? 갑자기 왜
엔진 사용하는 걸
그만둬요?
이 설계도를 보면
엔진이 무척 단순해.

척
예스열차가
자기부상열차로 바뀌면
탁룽이 만든 거대한 엔진은
쓸모가 없어지는 거지.

그렇다면 저
설계도는 혹시…?
미스터
보스의 작품?

그건 모를 일이야.
진짜 새로운 예스열차의
설계도일 수도 있어.

쌤! 이번 힌트
문장에도 동명사가
쓰였죠?
딱
그래,
리아야.

쌤이 동명사와
to부정사 둘 다 명사처럼
쓰일 수 있다고 했지?
그런데 동사 가운데
동명사만 목적어로 쓰는
동사와 to부정사만 목적어로
쓰는 동사, 그리고 둘 다 쓰는
동사가 정해져 있단다.
척

동명사만 쓰는 동사*

to부정사만 쓰는 동사

enjoy
finish
mind
avoid
keep
stop

like
love
begin
start
hate
continue

want
hope
plan
decide
expect
wish

팟

어때? 표로 보니까
한눈에 쏙 들어오지?

네! 구분해서
잘 기억해야겠어요.

* 만화 속 영단어들의 뜻을 확인하고 싶다면 132쪽을 펼쳐 보세요.

* 이시원 선생님이 직접 가르쳐 주는 강의를 확인하고 싶다면 133쪽을 펼쳐 보세요.

그나저나 탁룽이
걱정이구나.
흐음

난 최고의 엔진을
만들고 싶었어.

그래서 엔진에 관련된
공부도 하고, 엔진 설계도를
익히기 위해 영어 공부도
열심히 했는데….
새 설계도에는
더 이상 내 엔진이 필요 없잖아.
내 꿈이 산산조각 나는
기분이야. 이제 영어도
필요 없어!
스윽
탁룽…, 난 영어를
잘하고 싶어서 하루에
4시간만 자고 공부했어.

그러다 너무
지친 나머지
화가 나더라.
리아….

그래서 한때
영어를 미워하는 빌런이
되기도 했지.

하지만 시원 쌤을 만나고 알았어. 영어를 즐겁게 배울 수 있다는걸. 그리고 그게 더 효과적이었지.

지금은 속상하겠지만 너도 긍정적으로 생각하고 노력한다면 더 뛰어난 엔진을 만들 수 있을 거야!
척

더 뛰어난 엔진….

그래! 이렇게 쉽게 물러날 순 없어!
당연하지! 넌 엔진 칸의 반장인걸!
콱

우아~ 이번에는 리아가 탁룽을 설득했어요!
요우~ 멋진 장면이었다, 맨!
굿굿굿 굿 잡! 자, 그럼 이제 미스터 보스를 잡으러 가 볼까?

Chapter 5

관제 칸 수호 대작전

탁룽도
같이 가자.
응! 저 설계도가
진짜인지부터
알아봐야겠어!

우르르…

앗! 문 앞에 또
퀴즈가 떠올랐어요.
What goes
up as soon
as the rain
comes down?
요우~ 또 한번
맞혀 볼까?

쌤, 문제가 뭐예요?
비가 내리자마자 올라가는 것은 무엇인가?
그게 뭐지?
스웨웨웩~ 퀴즈 천재 나우 님이 맞혀 볼게.
아, 알겠다! 정답은 우산이야. 비가 내리자마자 우산이 올라가잖아.
빙고
정답은 우산! umbrella!
스르릉
umbrella
우아~ 여기가 관제 칸인가?
여기 어딘가에 미스터 보스가 숨어 있단 말이지?
HIP HOP
댓츠 그레잇!
NY

두둥
구독자 친구들~
여기가 예스열차의
관제 칸이래요!

예스열차는 그 자체로
하나의 유니버스이기 때문에
관제 칸에서 조종까지 맡고 있어.
그만큼 매우 중요한 곳이지.
탁탁
탁탁
지이잉
위이잉
탁탁
HIP

그런데 관제 칸이
너무 평화롭구나.
미스터 보스가
틀림없이 여기서
방송한다고
했는데?
그러게 말이야.
진짜 수상해….
너희,
누구야?
앗!
척
관제 칸에는
관계자 외 출입 금지
라는 거 몰라?
쏘리~ 우린
몰랐어. 그런데
넌 누구?
난 관제 칸의
반장이자 관제사인
파티마야.

* 분홍색 단어의 발음이 궁금하다면 127쪽을 펼쳐 보세요.

파티마,
그런데 단장님은
어디에 계시니?
단장님은…
그게….

여, 여행을
떠나셨어요!
엥? 이곳을
지키는 유일한
에이전트가?

급, 급한
일이랬어요! 예스열차의
조종까지 저에게 다 맡기고
떠나셨다고요.
당황
당황
단장님이
그럴 리가
없을 텐데….

파티마, 혹시
미스터 보스는
못 봤니?
미, 미스터
보스요…?

그래! 지금 예스열차에
미스터 보스가 침입해서
열차 칸마다 훼방을
놓고 있어.
심각

번번이 관제 칸에서
미스터 보스가 불길한
방송을 했지. 그 뒤엔 항상
문제가 발생했어.

비밀 작전!
미스터 보스를 찾아라!

그래? 그럼 우리가 뭘 잘못 알았나 보구나.

하하, 그런가 봐요.

탁 탁 탁 탁

그럼 오랜만에 왔으니 관제 칸 구경이나 시켜 줄래?

아… 네, 그럴까요?

삐질

탁탁탁
음….

스윽

!

얘들아, 후가
뭔가 발견했어!

화악
으악!

이,
이 녀석이?

엥? 시원 쌤?
그 선글라스는
뭐예요?
파팍
파팍
파파팍
캬아옹~.

뭐라고?
시원 쌤이 아니라
미스터 보스라고?
파닥
파닥
세상에 어떻게
이렇게 똑 닮았지?

예, 예스잉글리시단 출동! 미스터 보스가 여기 있어요!

충격

미스터 보스! 역시 관제 칸에 숨어 있었군.

요우~ 미스터 보스는 나우가 잡는다!

다다다다

내 식재료를 엉망으로 만든 대가를 치르게 해 주겠어!

다들 멈춰! 예스열차가 멈추는 꼴을 보고 싶지 않다면 말이야!

콰악

열차가 멈춘다고?

오 마이 가스레인지~ 파티마, 대체 무슨 말이야?

* 분홍색 단어의 발음이 궁금하다면 127쪽을 펼쳐 보세요.

예스잉글리시단
단장은 우주 저 멀리 영원히
사라지게 되지!
콰악
역시 단장님은
미스터 보스에게
납치된 거였군.
미스터 보스,
이 최악의 악당!
치사하다,
맨~!
어쨌든 시원에게 발각되었으니,
이제 예스잉글리시단 유니버스를
끝장 내야겠군.
씨익
안 돼, 파티마! 열차를
세우면 어떤 일이 벌어지는지
너도 잘 알잖아?
파티마,
지금 당장
열차를 세워!

영어 유니버스들 사이를 달리며 균형을 잡아 주는 예스열차가 멈추면,

영어 유니버스 간의 균형이 깨져서 유니버스가 파괴되고 결국 영어도 사라지게 된다고!

헉! 열차가 멈추면 영어가 사라진다고요?

오 마이 갓김치~ 영어를 지키려면 예스열차를 세워선 안 된다, 맨~.

파티마! 너도 영어가 사라지는 걸 원하지는 않겠지?

I will stop the train
from running!*

철컹

* 나는 열차가 달리는 것을 멈출 거야!

파티마,
미스터 보스한테
항복하면 안 돼!

시원 쌤, 파티마가
뭐라고 말한 거예염?

파티마가
동명사 running을 써서
'나는 열차가 달리는 것을
멈출 거야!'라고 말했단다.

으아앗!

꺄악! 열차가
느려지고 있어요, 쌤!

오 마이 갓김치~
진짜 열차가 멈추면
어떡해염!

쿠

쿠

쿠

쿠

다들 조심해!

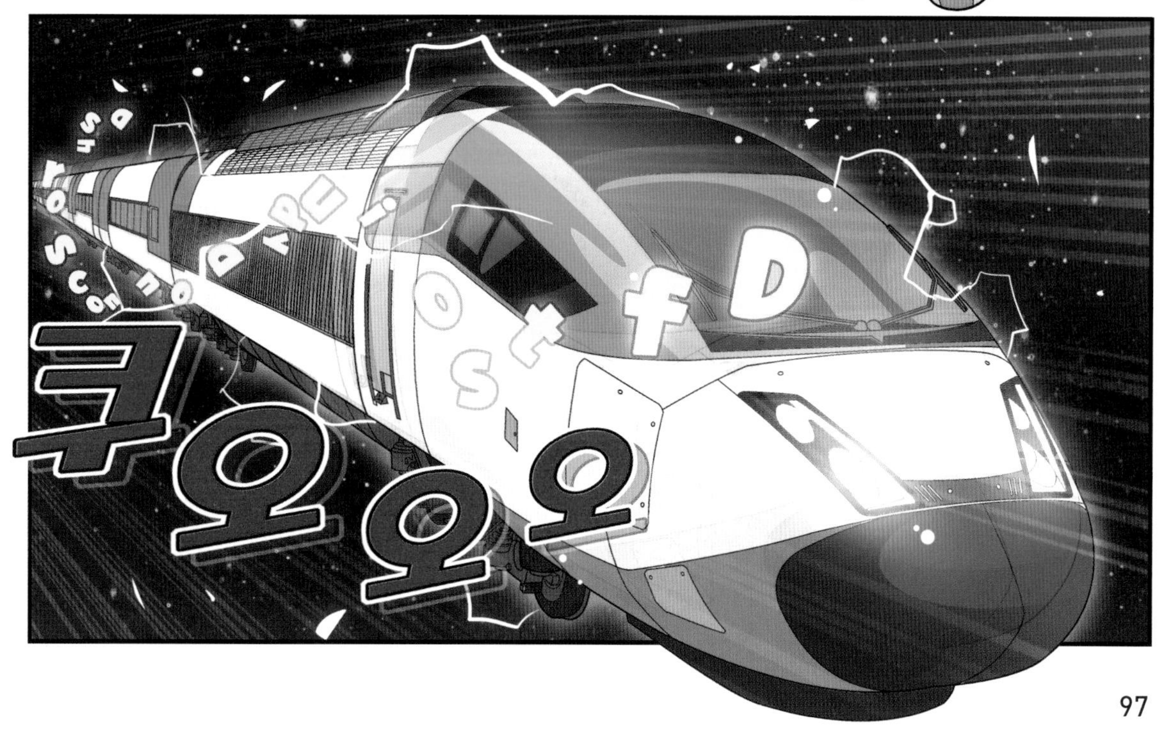

얘들아,
어떤 상황에서
힌트 문장이 나오는지
이제야 알겠어!
그게
뭔데요, 쌤?

예스열차를 움직이는
진짜 원동력은 바로 영어를
사랑하고 지키겠다는 예비
요원들의 굳은 의지야.

좋아! 예스열차도
이제 곧 끝이야.
그런데 미스터 보스가 불길한
방송을 해서 예비 요원들의 꿈과
의지를 꺾어 에이전트가 되는 걸
포기하게 만들려고 했지.

아~ 꿈을 이루기
위해 영어를 지키려던
요원들의 마음이 약해지면
에러가 발생하는 거군요!
그래. 예비 요원들이
열차를 다 떠나게 되면 열차는
움직이지 않겠지. 거기에 더해
이젠 물리적으로 열차를
멈추려는 거야.

이제야 나의 계획을
알아차렸군, 시원!
하지만 너무 늦었어.
음하하

글쎄… 과연
늦었을까?

곧 열차는
완전히
멈출 거야.

슬라고~
리모컨을 빼앗아!
S
쉬이이이익

타이거, 리모컨을
다시 찾아와!

팍 팍 팍 팍

캬아옹~!!

잘했어, 슬라고!
이제 내가 잡을게.

팍

파앗

흥! 누구 맘대로!

에이전트의 탄생

* 분홍색 단어의 발음이 궁금하다면 127쪽을 펼쳐 보세요.

* 레버: 무거운 물건을 움직이는 데에 쓰는 막대기.

뿌우우우우

덜컹

덜컹

덜컹

* 분홍색 단어의 발음이 궁금하다면 127쪽을 펼쳐 보세요.

으윽! 이 녀석
웬 힘이 이렇게 세?
파닥
파닥
이래 봬도
날마다 요리를 하며
다져진 몸이라고!
파닥

아… 내가
마음이 약해져서
잘못 판단한 것
같아.

그래! 이제부터라도
힘을 합쳐 예스열차를
지키는 거야. 그리고
단장님도 구하는 거지.
탁
탁 탁 탁
곧 도착할 예스열차의
유일한 정거장에 올 수 있는
에이전트에게 연락할게.

와아아! 미스터
보스를 잡아라!
예스열차와
영어를 지키자!
휘익
휙
휙

드디어
리모컨을
빼앗았군!
으악! 고양이가
내 엉덩이를 물었어.
콱
끄아악!
미스터 보스 살려!
콰악
콱
우당탕
탕

파티마, 받아!

휘익

콱

이제 단장님도 무사히 돌아오시겠지?

There is nothing to stop us from protecting English!*

척

* 우리가 영어를 지키는 걸 막을 수 있는 것은 아무것도 없어!

무슨 일이 있어도
영어를 지키겠다는
멋진 말인데….

오~ 역시
파티마가 외친 말은
키 문장이었어!
깜박
깜박
깜박

어떤 상황에서도
영어를 지키겠다는
굳은 의지가 담긴
파티마의 외침이
키 문장이구나.
There is nothing
to stop us from
protecting English!

아직 끝난 게
아니다, 애송이들아!
으악!
화악

미스터 보스, 그만 포기하시지!
예비 요원들의 꿈과 의지를 꺾어 열차를 멈추려던 너의 계획은 실패했어!
으으….

흥! 맨눈으로 촌스럽게 다니는 시원과 날 비교하다니!
요우~ 누가 시원 쌤이고, 누가 미스터 보스냐, 맨~.
척
선글라스만 없으면 완전히 쌍둥이 같겠어.

아이들 말대로 미스터 보스가 나와 닮긴 닮았군.
미스터 보스, 왜 날 흉내 내는 거지? 너의 진짜 정체가 뭐야?

킥킥킥! 역시
아무것도 기억 못 하는군.
내가 누구인지 정말
모르겠나?
훗!!
헉! 설마 우리가
원래 아는 사이였어?

쉬익
그건 스스로
알아내라!

도전이냐!
쉬이익

받아라,
시원!

퍽

으악!

어이쿠~.
쌤! 전설적인 에이전트라고 하지 않았나요?
요우~ 역시 우리 쌤은 허당 쌤이다, 맨~.
쌤, 괜찮아요?
쿠당탕탕

시원, 단장이 어디 있는지 궁금하지 않은 거냐? 이대로 단장을 포기하는 거야?
윽!
스윽
슥

말도 안 되는 소리!
우리 쌤은 그런 사람이 아니에염!
너는 항상 이런 식이었어. 목적을 위해서라면 동료쯤 아무렇지도 않게 희생시켰지.

훗! 내가 말해 주지 않으면 우주 어딘가에 갇혀 있는 단장을 찾을 수 있겠어?
으음….
에스원! 정말 우리 단장님을 찾을 수 없는 거예요?
….
아무리 대단한 에이전트라도 단장을 찾는 게 쉽진 않을걸? 타이거, 우린 그만 가자!
기다려!
저벅
저벅
저벅
캬아옹~.

쿠오오오오..
콰아아...

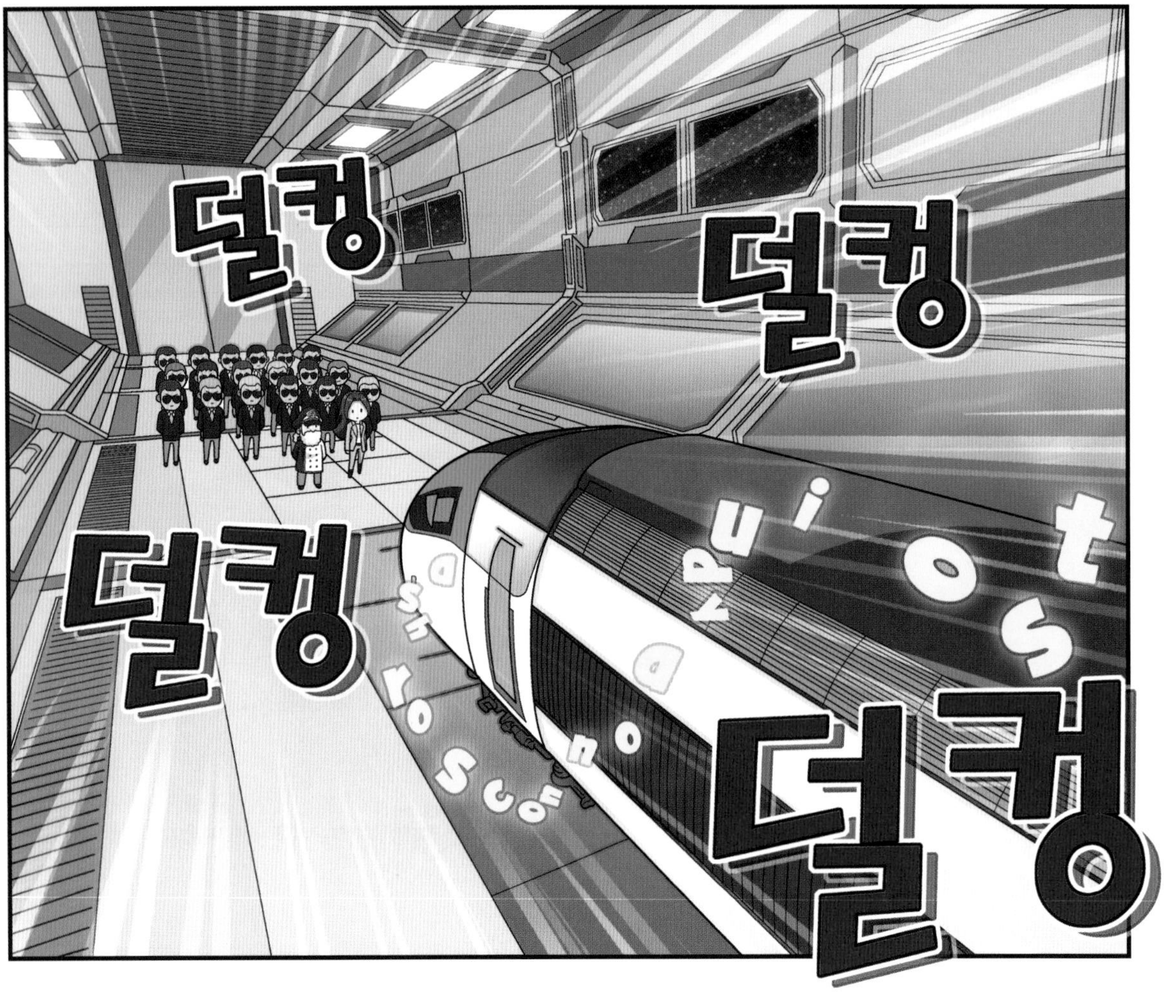

덜컹
덜컹
덜컹
덜컹

예스열차로 향하는
길에 우연히 노잉글리시단
우주 정거장에 갇혀 있던
단장님을 발견하다니,
정말 행운이었어요.
게다가
노잉글리시단 본부로
의심되는 유니버스를
찾아냈으니 다들
기뻐하겠죠?
제이원이
아주 큰일을
해냈구먼.
별 말씀을요.
드디어
예스열차가
도착했어요!
끼이이이익

단장님은
단장님이고 넌 너야!
어딜 도망 가려고,
미스터 보스!
이 녀석들이!

너는
예나 지금이나
정말 맘에 안 드는
녀석이다!
척
!
예나 지금이나?
그 말은 정말 예전부터
날 알고 있었다는
뜻인데?

대체 누구냐,
넌?
너에 대해
모르는 게 없는
사람이지.

내가 누구인지는
스스로 기억해 내라!

예스잉글리시단
에이전트들! 미스터 보스를
잡으러 출동!
쉬이익
쉬익
쉬이익

헉! 에이전트들이
한꺼번에 몰려오다니!
휘익
휙
척
척
척

줄리! 드디어
왔군요!
기다렸어요,
줄리 쌤!
HIP HOP
미스터 보스,
이제 항복해염!

미스터 보스가
도망치려고 한다!
슬라고, 어서 잡아!
시원! 네가 이겼다고
생각하겠지? 하지만 우리의
싸움은 결국 나의 승리로
끝날 것이다!
호잇!!!
호잇!!!
따악
쉬이익

펑
엉
크흑!

으~ 아깝다.
거의 잡을 뻔했는데!
미스터 보스가
감쪽같이 사라졌어.
빵야~ 빵야~♪
다음번엔 절대 안
놓칠 거예염.

오는 길에 우연히 단장님까지 구하게 되었고요.

잘했어요! 그럼 지금 당장 미스터 보스를 잡으러 갑시다!

콱

너무 서둘지 말게, 에스원!

스윽

먼저 예스열차를 지켜 준 예비 요원들에게 감사 인사와 함께 해 줄 말이 있네.

우리 예스잉글리시단은 영어를 사랑하는 단원들과, 그중에서도 영어를 지키려고 훈련 중인 예비 요원들,

그리고 직접 영어를 지키려고 모험에 뛰어든 에이전트로 이루어져 있지. 사실 영어를 사랑하는 마음만 있다면 누구나 단원은 될 수 있어.

첫째, 많은 일터에서 기본적으로 영어 능력을 요구하고 있어.

영어를 공부하면 자연스럽게 커리어*를 쌓을 수가 있지.

스윽

둘째, 전문 서적들이 대부분 영어로 되어 있어.

영어를 잘하면 더 많은 지식을 쌓을 수가 있단다.

셋째, 언어와 문화는 깊이 연결되어 있어.

영어를 공부하다 보면 영어권 나라의 문화까지 배울 수가 있단다.

넷째, 영어는 전 세계 수십 개 나라와 수십억 인구가 사용하는 언어야.

영어를 잘하면 여행을 자유롭게 다닐 수가 있겠지?

* career[kə'rɪr]: 경력, 직업, 직장 생활.

어쩜~ 영어를 공부해야 하는 이유가 정말 확실하네요.
요우~ 앞으로 더 열심히 공부해야겠다, 맨~.
HIP HOP
콱
역시 공부하길 잘했어.
너희가 에스원과 함께 유니버스의 에러를 해결하고 있는 예비 요원들이구나.
너희는 지금까지 노잉글리시단에 맞서 잘 싸워 주었어. 그래서 나는 너희를 에이전트로 임명하려 한다!
구독자 친구들~ 루시가 예스잉글리시단 에이전트가 되었어요.
어헝~ 어헝~♪ 눈부신 활약을 펼친 나우도 신입 에이전트~♪
영광입니다!
네? 저희 아이들을 에이전트로요?
에스원과 제이원, 그리고 신입 에이전트들에게 중요한 임무를 주겠다!
넵!
스웨웨웩~ 이미 준비는 끝났다고염.
척
척
명령만 내리세요.
척
척

에스원과 제이원,
그리고 신입 에이전트들!
노잉글리시단 본부를 찾아내
미스터 보스를 즉각
체포하라!
화악

넵! 반드시
미스터 보스를
잡아오겠습니다!

슬라고, 초고속
우주선으로 변신~.
펑

파티마, 안녕.
넌 정말 멋진
관제사였어.

요우~
마이클도 훌륭한
요리사였다,
맨~.

탁룡과 루루도
멋진 에이전트가 될 거야.

콰아아아아아

노잉글리시단
본부로 의심되는
유니버스의 좌표는
여기예요.

에스원과 그의
제자들이라면 미스터
보스를 체포할 수
있을걸세!

친구들아, 안녕~.

너희 덕분에
예스열차를 지킬 수 있었어.
정말 고마워~.

예스어학원 수업 시간

- 1교시 · **단어** Vocabulary
- 2교시 · **문법 1,2,3** Grammar 1,2,3
- 3교시 · **게임** Recess
- 4교시 · **읽고 쓰기** Reading & Writing
- 5교시 · **유니버스 이야기** Story
- 6교시 · **말하기** Speaking
- 7교시 · **쪽지 시험** Quiz

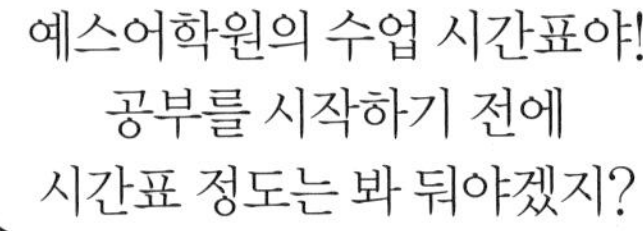

4단계를 통과하면
너희는 예스잉글리시단
단원이 되어 영어를
지키는 유능한 전사가
될 것이다!

1단계 단어 훈련

영어 단어를 확실하게
외운다! 실시!

2단계 문법 훈련

영어 문법을 차근차근
배운다! 실시!

3단계 읽고 쓰기 훈련

영어 문장을 술술
읽고 쓴다! 실시!

4단계 말하기 훈련

영어로 자유롭게
대화한다! 실시!

사실 예스잉글리시단
훈련 코스라는 건 아무도
모르겠지? 킄킄!

TOP SECRET

1교시 단어 • Vocabulary

step 1. 단어 강의

영어의 첫걸음은 단어를 외우는 것에서부터 시작된단다.
단어를 많이 알아야 영어를 잘할 수 있어. 그럼 19권의 필수 단어를 한번 외워 볼까?

No.	훈련	Drill
1	상관	boss
2	시험	test
3	규율, 훈련	discipline
4	정도, 수준	level
5	전설	legend
6	(특수 분야의) 학교	academy
7	막다	block
8	폭격하다	bomb
9	기본적인	basic
10	굉장한	fantastic

No.	기술, 기계	Technology
11	힘, 동력	power
12	속도	speed
13	크기	size
14	열	heat
15	엔진	engine
16	청사진	blueprint
17	관제사, 관리자	controller
18	회전, 순환	cycle
19	버튼	button
20	출구	exit

원어민 발음 듣기
QR코드를 찍어 봐!

No.	수학	Mathematics
21	영	zero
22	백	hundred
23	천	thousand
24	백만	million
25	짝수	even number

No.	수학	Mathematics
26	원형, 원	circle
27	삼각형	triangle
28	정사각형	square
29	한 번	once
30	두 번	twice

수학과 관련된 단어들이
어려워 보인다고? 반복해서 읽어 보면
금방 익숙해질 거야!

step 2. 단어 시험

단어를 확실하게 외웠는지 한번 볼까? 빈칸을 채워 봐.

- 규율, 훈련 ______________
- 백 ______________
- 전설 ______________
- 짝수 ______________
- 청사진 ______________
- 삼각형 ______________
- 속도 ______________
- 한 번 ______________
- 힘, 동력 ______________
- 천 ______________

* 정답은 146~147쪽에 있습니다.

문법 1 • Grammar 1

step 1. 문법 강의

동명사란 동사를 명사로 만든 것을 말해. '~하는 것, ~하기'로 해석할 수 있지.
만드는 법도 아주 간단해. 동사 원형 뒤에 ing만 붙이면 되거든.

그럼 동명사가 어떻게 쓰이는지 예문과 함께 확인해 볼까?
먼저, 동명사는 명사만 올 수 있는 '주어', '목적어', '보어' 자리에 쓸 수 있어.

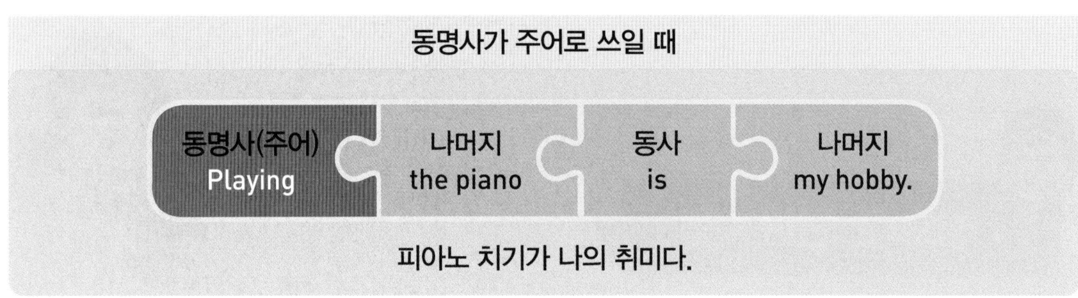

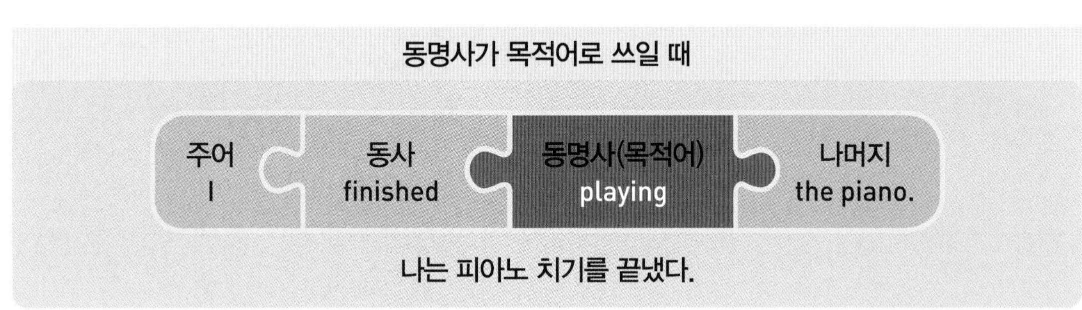

동영상 강의 보기
QR코드를 찍어 봐!

step 2. 문법 정리

동명사가 주어, 목적어, 보어로 쓰인 문장을 살펴볼까?

동명사가 주어로 쓰인 문장	
자전거 타기는 나의 취미였다.	**Riding a bicycle was my hobby.**
동명사가 목적어로 쓰인 문장	
나는 집 청소하기를 끝낼 것이다.	**I will finish cleaning the house.**
나는 시끄러운 음악 듣기를 좋아하지 않는다.	**I don't like listening to loud music.**
동명사가 보어로 쓰인 문장	
나의 취미는 주말에 영화 보기다.	**My hobby is watching movies on weekends.**
네 소원은 다른 나라를 여행하는 것이니?	**Is your wish traveling to other countries?**

step 3. 문법 대화

목적어로 쓰인 동명사가 나오는 대화를 한번 들어 봐!

step 1. 문법 강의

동명사는 전치사 뒤에도 쓰여. 전치사 뒤에 반드시 명사가 오기 때문이지.

동명사가 전치사 뒤에 쓰일 때

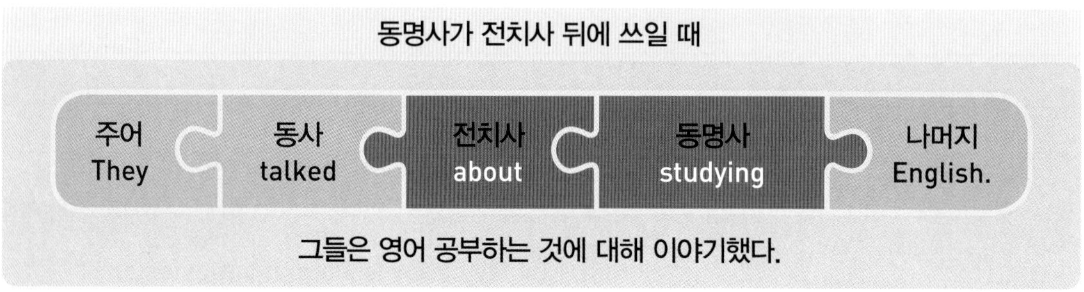

그들은 영어 공부하는 것에 대해 이야기했다.

또 한 문장 안에 동명사가 2개 이상 들어갈 수도 있어.
예를 들면 하나는 주어 역할을, 다른 하나는 보어 역할을 하는 식으로 말이야.

동명사가 2개 이상 쓰일 때

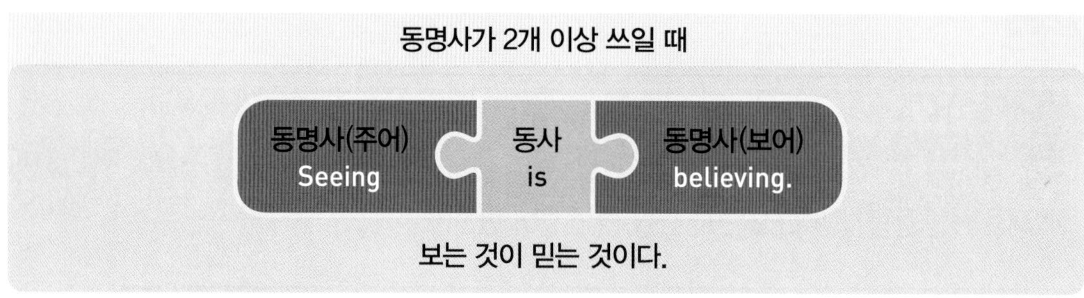

보는 것이 믿는 것이다.

그런데 동사 원형 뒤에 ing가 붙은 모습, 어디선가 본 적 있지 않니?
바로 '현재 진행형*(Be 동사+동사 원형ing)'을 만들 때에도 썼었어.

동명사가 아닌 현재 진행형 문장

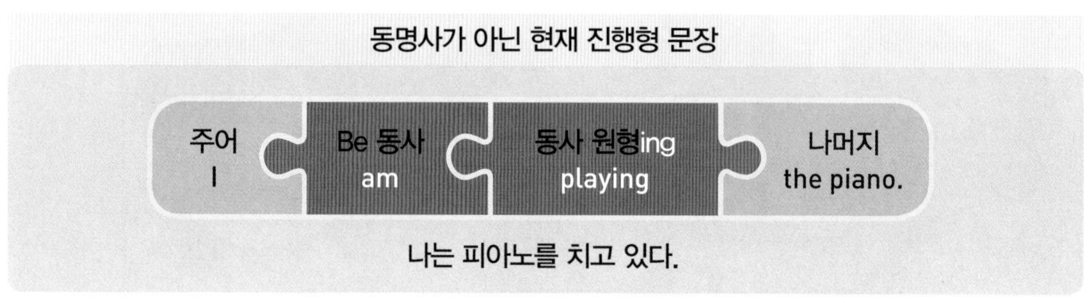

나는 피아노를 치고 있다.

이처럼 동사 원형 뒤에 ing를 붙인 형태는 동일하지만, 전혀 다른 역할을 한단다.

* 현재 진행형을 복습하고 싶다면 〈이시원의 영어 대모험〉 6권 144쪽을 펼쳐 보세요.

step 2. 문법 정리

동명사가 전치사 뒤에 쓰이거나 2개 이상 들어간 문장을 살펴볼까?

동명사가 전치사 뒤에 쓰인 문장	
루시는 기타 치기를 잘한다.	**Lucy is good at playing the guitar.**
나는 실수를 하는 것이 두렵지 않았다.	**I was not afraid of making mistakes.**
이 문제를 해결하는 것에 대해 이야기해 봅시다.	**Let's talk about solving this problem.**
동명사가 2개 이상 들어간 문장	
에너지를 절약하는 것이 환경을 보호하는 것이다.	**Saving energy is protecting the environment.**
시험에 실패하는 것이 네 인생이 실패하는 것은 아니다.	**Failing the exam is not failing your life.**

step 3. 문법 대화

전치사 뒤에 쓰인 동명사가 나오는 대화를 한번 들어 봐!

step 1. 문법 강의

동사 앞에 to를 붙여서 만드는 to부정사*도 명사처럼 쓰일 수 있다고 배웠던 것, 기억하니?
동명사와 to부정사 모두 동사를 명사 역할을 하게 만들 수 있지.
하지만 동명사만 목적어로 쓰는 동사, to부정사만 목적어로 쓰는 동사가 따로 있어.
주로 과거에 하던 일이나 현재에 하는 일을 나타내는 동사 뒤에는 동명사를,
앞으로 있을 미래를 나타내는 동사 뒤에는 to부정사를 쓰지.

동명사/to부정사만 목적어로 쓰는 동사	
동명사	**enjoy** 즐기다, **finish** 끝내다, **mind** 언짢아하다, **avoid** 방지하다, **keep** 유지하다, **stop** 멈추다, **give up** 포기하다, **dislike** 싫어하다
to부정사	**want** 원하다, **hope** 바라다, **plan** 계획하다, **decide** 결정하다, **expect** 예상하다, **wish** 소원하다, **promise** 약속하다

그리고 동명사와 to부정사 상관없이 둘 다 목적어로 쓰는 동사도 있어.

동명사와 to부정사 둘 다 목적어로 쓰는 동사
like 좋아하다, **love** 사랑하다, **begin** 시작하다, **start** 출발하다, **hate** 미워하다, **continue** 계속하다, **propose** 제안하다, **prefer** 선호하다

나는 학교에 가는 것을 좋아한다.

* to부정사를 복습하고 싶다면 〈이시원의 영어 대모험〉 14권 144쪽을 펼쳐 보세요.

동영상 강의 보기
QR코드를 찍어 봐!

step 2. 문법 정리

동명사가 목적어로 쓰인 다양한 문장을 살펴볼까?

동명사만 목적어로 쓰는 동사가 들어간 문장

나는 비디오 게임 하기를 즐긴다.	I enjoy playing video games.
나는 저녁 식사 후에 숙제 하는 것을 끝마쳤다.	I finished doing my homework after dinner.

동명사와 to부정사 둘 다 목적어로 쓰는 동사가 들어간 문장

그녀는 뛰기 시작했다.	She began running.
나는 공포 영화 보기를 좋아하지 않는다.	I don't like watching horror movies.
너는 전화로 얘기하는 것을 선호하니 아니면 문자 하는 것을 선호하니?	Do you prefer talking on the phone or texting?

step 3. 문법 대화

동명사만 목적어로 쓰는 동사가 나오는 대화를 한번 들어 봐!

게임 • Recess

우아~ training train에서 만난 예비 요원들 앞에 영단어 뜻이 적혀 있네!

사다리를 타고 내려가면 나오는 자리에 알맞은 영단어를 적어 봐. word box를 참고해도 좋아!

광장한 | 출구 | 정사각형 | 백만

WORD BOX
• exit • million • square • fantastic

* 정답은 146~147쪽에 있습니다.

step 1. 읽기

자유자재로 영어를 읽고, 쓰고, 말하고 싶다면 문장 만들기 연습을 반복해야 하지.
먼저 다음 문장들이 익숙해질 때까지 읽어 볼까?

• 자전거 타기는 나의 취미였다.	**Riding a bicycle was my hobby.**
• 음악을 듣는 것은 우리를 행복하게 만든다.	**Listening to music makes us happy.**
• 조깅하는 것이 너의 건강에 좋니?	**Is jogging good for your health?**
• 나는 집 청소하기를 끝낼 것이다.	**I will finish cleaning the house.**
• 나는 시끄러운 음악 듣기를 좋아하지 않는다.	**I don't like listening to loud music.**
• 너는 여가 시간에 책 읽기를 즐기니?	**Do you enjoy reading books in your free time?**
• 나의 취미는 주말에 영화 보기다.	**My hobby is watching movies on weekends.**
• 네 소원은 다른 나라를 여행하는 것이니?	**Is your wish traveling to other countries?**
• 그의 버릇은 아침에 우유 마시기였다.	**His habit was drinking milk in the morning.**
• 루시는 기타 치기를 잘한다.	**Lucy is good at playing the guitar.**
• 너는 다른 사람들 앞에서 노래하는 것을 잘하니?	**Are you good at singing in front of others?**
• 나는 실수를 하는 것이 두렵지 않았다.	**I was not afraid of making mistakes.**
• 그녀는 깊은 물에서 수영하는 것을 무서워한다.	**She is afraid of swimming in deep water.**
• 이 문제를 해결하는 것에 대해 이야기해 봅시다.	**Let's talk about solving this problem.**

문장 만들기 연습

1회 ☐ 2회 ☐ 3회 ☐

• 나는 어젯밤 복권에 당첨되는 것에 대한 꿈을 꿨다.	I dreamed about winning the lottery last night.
• 에너지를 절약하는 것이 환경을 보호하는 것이다.	Saving energy is protecting the environment.
• 시험에 실패하는 것이 네 인생이 실패하는 것은 아니다.	Failing the exam is not failing your life.
• 나는 비디오 게임 하기를 즐긴다.	I enjoy playing video games.
• 같이 올림픽 보는 것을 즐기자.	Let's enjoy watching the Olympics together.
• 나는 저녁 식사 후에 숙제 하는 것을 끝마쳤다.	I finished doing my homework after dinner.
• 너는 여행에 필요한 짐 싸는 것을 끝냈니?	Did you finish packing your bag for the trip?
• 나는 네가 숙제 하는 걸 도와주는 것이 언짢지 않다.	I don't mind helping you with your homework.
• 나는 나의 건강을 위해 불량 식품 먹기를 피할 것이다.	I will avoid eating junk food for my health.
• 나는 거기에 나의 시간을 낭비하는 것을 계속할 수 없었다.	I couldn't keep wasting my time on that.
• 그녀는 뛰기 시작했다.	She began running.
• 나는 공포 영화 보기를 좋아하지 않는다.	I don't like watching horror movies.
• 그는 주말에 농구 하기를 좋아한다.	He likes playing basketball on weekends.
• 너는 전화로 얘기하는 것을 선호하니 아니면 문자 하는 것을 선호하니?	Do you prefer talking on the phone or texting?
• 너는 언제 공부하는 것을 시작할 거니?	When are you going to start studying?
• 그를 미워하는 것을 그만할 거니?	Are you going to stop hating him?

step 2. 쓰기

익숙해진 문장들을 이제 한번 써 볼까? 괄호 안의 단어를 보고, 순서에 맞게 문장을 만들어 보자.

❶ 나는 집 청소하기를 끝낼 것이다.
(I, house, the, cleaning, finish, will)

.

❷ 루시는 기타 치기를 잘한다.
(is, at, good, Lucy, playing, guitar, the)

.

❸ 이 문제를 해결하는 것에 대해 이야기해 봅시다.
(talk, Let's, about, problem, this, solving)

.

❹ 시험에 실패하는 것이 네 인생이 실패하는 것은 아니다.
(the, is, exam, not, your, failing, Failing, life)

.

❺ 나는 나의 건강을 위해 불량 식품 먹기를 피할 것이다.
(I, avoid, my, for, health, will, eating, junk, food)

.

❻ 나는 거기에 나의 시간을 낭비하는 것을 계속할 수 없었다.
(couldn't, I, that, on, keep, wasting, my, time)

.

❼ 네 소원은 다른 나라를 여행하는 것이니?
(other, countries, to, wish, Is, traveling, your)

?

❽ 그는 주말에 농구 하기를 좋아한다.
(basketball, likes, He, on, weekends, playing)

.

동명사가 쓰인 문장을 영어로 써 볼까? 영작을 하다 보면 실력이 훨씬 늘 거야.
잘 모르겠으면, 아래에 있는 WORD BOX를 참고해!

❶ 나는 시끄러운 음악 듣기를 좋아하지 않는다. ______________________________.

❷ 너는 여가 시간에 책 읽기를 즐기니? ______________________________?

❸ 나의 취미는 주말에 영화 보기다. ______________________________.

❹ 음악을 듣는 것은 우리를 행복하게 만든다. ______________________________.

❺ 나는 비디오 게임 하기를 즐긴다. ______________________________.

❻ 같이 올림픽 보는 것을 즐기자. ______________________________.

❼ 나는 네가 숙제 하는 걸 도와주는 것이 언짢지 않다. ______________________________.

❽ 나는 공포 영화 보기를 좋아하지 않는다. ______________________________.

WORD BOX

• I	• games	• Let's	• is	• horror	• your
• hobby	• My	• time	• movies	• weekends	• on
• Olympics	• us	• happy	• free	• like	• helping
• makes	• reading	• music	• enjoy	• watching	• books
• in	• homework	• listening	• together	• playing	• video
• mind	• you	• with	• don't	• to	• loud
• Do	• the				

* 정답은 146~147쪽에 있습니다.

5교시 S 유니버스 이야기 • Story

우리가 열아홉 번째로 다녀온 곳은 바로 예스잉글리시단 유니버스란다.
좌표 없이 영어 유니버스들 사이를 달리며 균형을 잡아 주는 예스잉글리시단 본부지!
이곳이 어떤 곳인지 좀 더 자세히 알아볼까?

예스잉글리시단 유니버스인 예스열차가 멈췄다면 어떻게 되었을까요?

◀예스잉글리시단 유니버스
위치 시시각각 바뀜
상황 미스터 보스가 침입해 유니버스를 엉망으로 만들고 있음
키 문장 "There is nothing to stop us from protecting English!"

예스잉글리시단 유니버스 이야기: 동명사

영어 유니버스의 발전이 멈추는 것은 물론, 우리 지구의 영어가 혼란에 빠지게 되었을 거야!

예스잉글리시단 유니버스에는 좌표가 없어요. 늘 움직이며 영어 유니버스 전체를 지키고 있기 때문이지요. 이곳에 미스터 보스가 침입했다는 것을 알게 된 예스잉글리시단이 그를 뒤쫓아 오지요. 열차처럼 생긴 이 유니버스에서 시원 쌤과 줄리 쌤처럼 멋진 에이전트가 될 날을 기다리며 훈련 중인 예비 요원들을 만나게 돼요. 예비 요원들은 각자의 꿈을 이루기 위해 영어 공부도 열심히 하고, 훈련도 받고, 맡은 일에 최선을 다하고 있었지요. 그런데 미스터 보스의 계략으로 예비 요원들이 좌절하고, 에이전트가 되는 걸 포기하려고 해요. 결국 영어를 지키기 위해 멈추지 않고 달리는 예스열차가 위기에 처하게 되지요. 하지만 시원 쌤과 친구들의 활약으로 예비 요원들이 의지를 되찾고 예스열차를 지켜 내요. 꿈을 이루기 위해서는 영어를 지켜야 한다는 예비 요원들의 굳은 의지가 미스터 보스의 음모를 성공적으로 막아 낸 것이지요. "There is nothing to stop us from protecting English!"는 예스잉글리시단 유니버스의 키 문장이자, 예비 요원들의 영어를 지키고자 하는 의지를 되살려 준 멋진 명대사예요.

우리 지구의 실제 이야기: World Englishes

'World Englishes'라는 단어를 본 적 있나요? 영어를 뜻하는 단어 English 뒤에 왜 여럿을 뜻하는 '-es'가 붙었을까요?
training train 안에서도 여러 인종의 예비 요원들이 영어를 쓰고 있었지요? 영어를 쓰는 사람들의 출신이 다양해진 만큼, 각 지역마다 쓰는 영어도 약간씩 달라졌어요. 그 지역의 언어적 특징이 반영된 영어를 쓰고 있는 것이지요. 발음이나 억양, 심지어는 철자나 사용하는 단어까지도 영어를 사용하는 지역에 따라 차이가 있어요.
예를 들어, 같은 나라인 미국 안에서도 북쪽 지역은 콜라를 'Pop'이라고 부르고, 남쪽 지역은 'Coke', 북동 및 서부 지역은 'Soda'라고 불러요. 영어 사용자 간의 오해를 막고 원활한 의사소통을 위해서는 '표준 영어'를 지켜 쓰는 것이 필요하다는 주장도 있어요. 하지만 'World Englishes'의 개념을 지지하는 사람들은 영어 사용자들의 다양한 지역적인 특성을 고려하지 않고 미국식, 영국식 영어의 발음을 정확히 따라 하는 것에만 집착하는 것보다는 다양한 스타일의 영어에 노출되는 것이 맞다고 본답니다. 내가 쓰는 영어가 표준 영어가 아닐까 봐 자신감이 떨어질 때가 있어요. 그럴 때는 'World Englishes'의 의미를 떠올려 봐요! 열심히 공부한 영어를 자신 있게 써 보아요.

콩글리시(Konglish), 쟁글리시(Janglish), 칭글리시(Chinglish)

각 나라의 고유 언어와 영어가 섞여서 만들어진 그 나라 특유의 영어 표현들이 있어요. 한국식 영어를 콩글리시, 일본식 영어는 쟁글리시, 중국식 영어는 칭글리시라고 불러요. 예를 들면, 러닝 머신(running machine)이나 연필 대신 많이 쓰는 샤프(sharp)는 대표적인 콩글리시예요. 이런 단어들은 영어권 국가에서는 실제로 쓰지 않는 단어지요. 미국이나 영국에서는 러닝 머신을 트레드밀(treadmill), 샤프를 메커니컬 펜슬(mechanical pencil)이나 오토매틱 펜슬(automatic pencil)이라고 부르거든요.

6교시 말하기 • Speaking

step 1. 대화 보기

만화에서 나오는 대사, '아이 돈 띵크 쏘(I don't think so).'는 어떨 때 쓰는 말일까?

step 2. 대화 더하기

'아이 돈 띵크 쏘(I don't think so).'는 '난 그렇게 생각 안 해.'라는 의미야. 상대방의 의견에 동의하지 않는다는 뜻을 밝히는 표현이지. 그렇다면 이와 비슷한 의미로 쓰이는 영어 표현들은 뭐가 있을까? 친구들이 하는 말을 듣고 따라 해 보렴.

한눈에 보는 이번 수업 핵심 정리

여기까지 열심히 공부한 여러분 모두 굿 잡!
어떤 걸 배웠는지 떠올려 볼까?

1. 동명사에 대해 배웠어.

동명사란 동사를 명사로 만든 것을 말해. '~하는 것', '~하기'로 해석할 수 있지. 동사 원형 뒤에 ing를 붙여서 만들 수 있어.

2. 동명사의 사용에 대해 배웠어.

동명사는 명사만 올 수 있는 '주어', '목적어', '보어' 자리에 쓸 수 있어.
전치사 뒤에 반드시 명사가 오기 때문에 전치사 뒤에도 쓰이지.
또 한 문장 안에 동명사가 2개 이상 들어갈 수도 있는데,
예를 들면 하나는 주어 역할을, 다른 하나는 보어 역할을 할 수 있어.

3. 동명사와 to부정사의 차이를 배웠어.

동명사와 to부정사 모두 동사를 명사 역할을 하게 만들 수 있어.
하지만 동명사만 목적어로 쓰는 동사, to부정사만 목적어로 쓰는 동사가 따로 있다는 점을 기억해야 해.

어때, 쉽지? 다음 시간에 또 보자!

7교시 쪽지 시험 • Quiz

수업 시간에 잘 들었는지 쪽지 시험을 한번 볼까?

1. 다음 중 수를 뜻하는 단어가 아닌 것은 무엇일까요?

2. 다음 중 사람의 직업을 뜻하는 단어는 무엇일까요?

3. 다음 중 도형을 뜻하는 단어는 무엇일까요?

4. 다음 중 틀린 말은 어느 것일까요?

① 동명사는 동사를 명사로 만든 것을 뜻한다.
② 동명사는 동사 원형 뒤에 ing를 붙여서 만든다.
③ 동명사는 전치사 뒤에도 쓸 수 있다.
④ 동명사만 목적어로 쓰는 동사에는 expect가 있다.

5. 다음 중 올바른 문장은 무엇일까요?

① **Is your wish treveled to other countries?**
② **Ride a bicycle was my hobby.**
③ **I don't like watching horror movies.**
④ **Saving energy is protect the environment.**

6. 다음 중 틀린 문장은 무엇일까요?

① **His habit was drinking milk in the morning.**
② **I dreamed about winning the lottery last night.**
③ **Did you finish packing your bag for the trip?**
④ **He likes play basketball on weekends.**

7. 문장의 빈칸을 완성해 보세요.

① 루시는 기타 치기를 잘한다. **Lucy is good at (   ) the guitar.**
② 나는 실수를 하는 것이 두렵지 않았다. **I was not afraid (   ) making mistakes.**
③ 나는 집 청소하기를 끝낼 것이다. **I will finish (   ) the house.**
④ 조깅하는 것이 너의 건강에 좋니? **Is (   ) good for your health?**

8. 다음 문장을 완성해 보세요.

• 정답은 146~147쪽에 있습니다.

수업 끝! 정답 • Answer

P 127

• 규율, 훈련	discipline	• 백	hundred
• 전설	legend	• 짝수	even number
• 청사진	blueprint	• 삼각형	triangle
• 속도	speed	• 한 번	once
• 힘, 동력	power	• 천	thousand

P 134~135

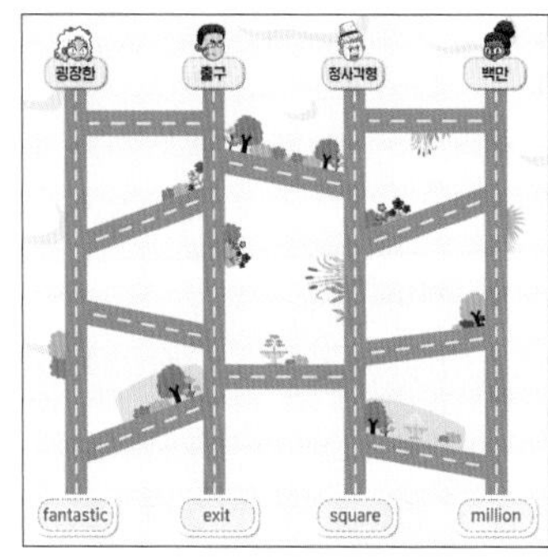

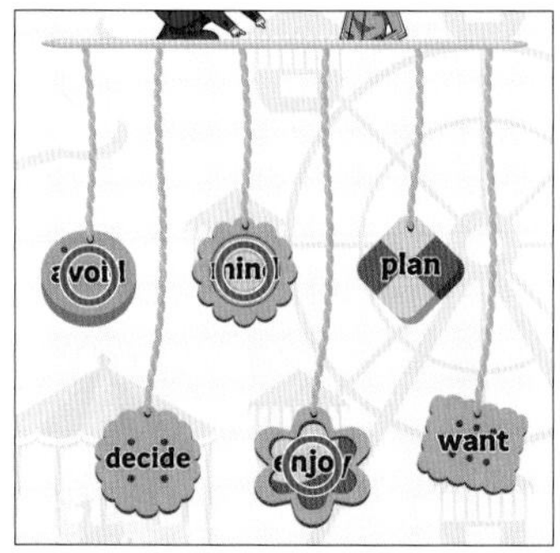

P 138

❶ I will finish cleaning the house

❷ Lucy is good at playing the guitar

❸ Let's talk about solving this problem

❹ Failing the exam is not failing your life

❺ I will avoid eating junk food for my health

❻ I couldn't keep wasting my time on that

❼ Is your wish traveling to other countries

❽ He likes playing basketball on weekends

P 139

❶ I don't like listening to loud music

❷ Do you enjoy reading books in your free time

❸ My hobby is watching movies on weekends

❹ Listening to music makes us happy

❺ I enjoy playing video games

❻ Let's enjoy watching the Olympics together

❼ I don't mind helping you with your homework

❽ I don't like watching horror movies

P 144

1. circle

2. controller

3. square

4. ④

P 145

5. ③

6. ④

7. ① (playing)
   ② (of)
   ③ (cleaning)
   ④ (jogging)

8. (making)

다음 권 미리 보기

지령서

노잉글리시단의 중간 보스 트릭커와 빅캣!
우리의 작전 성공이 눈앞에 있다.
지금 실패한 것 같이 보이는 건 사실 다 작전이다.
곧 연락할 테니 언제든 움직일 준비를 하고 있도록!

목적지: 000 유니버스
위치: 우리 지구와 가장 가까운 곳
특징: 예스잉글리시단의 가장 뛰어난 요원들도 가 보지 못한 유니버스

보스가 주는 지령

예스잉글리시단 유니버스는 생각보다 별 볼 일 없는 곳이었다.
쓸데없이 예비 요원만 많이 있더군.
원래 계획으로 돌아가서 유니버스 하나를 완전히 차지할 것이다.
특히 000 유니버스는 규칙의 유니버스니까,
이곳만 흔들리면 동시에 모든 영어 유니버스가 무너지게 될 것이다.
너희는 모든 일이 끝나고 와서 나의 영어 유니버스 완전 정복을
축하할 준비나 하고 있도록 해라!

추신: 나는 계획이 있다!

노잉글리시단
Mr. 보스

노잉글리시단 본부의 실체.jpg

예스 녀석들, 기다려라냥!

규칙 유니버스의 등장.jpg

위대한 우리 미스터 보스 님은 다 계획이 있다!

대한민국 대표 프로파일러 표창원이 기획한

미스터리 추리 동화

이웃집 프로파일러 하이다의 사건파일

100인 어린이 & 학부모 추리 평가단 평점 4.8

"《해리 포터》만큼 흥미진진하다!" (2학년 조*린)

"《셜록 홈스》 보는 것처럼 재미있다!" (2학년 이*루, 이*라)

"지금 어린이들에겐 우리가 만든 우리의 캐릭터, 우리의 탐정이 필요합니다."

대한민국 대표 프로파일러 **표창원**

1 낙인찍힌 아이

2 추적! 해커의 시그니처

기획 표창원 | 글 선자은 | 그림 이태영

김헌의 신화 인문학 동화

신통한 책방 필로뮈토

1 내 마음 2 내 몸 3 가족

4 친구 5 학교 6 사회

우리 친구들은 어떤 고민이 있나요?

지금 필로뮈토 책방에서 고민을 해결해 보세요!

신화 인문학 독서 로드맵 완성

그리스 로마 신화로 공감했다면, 이제 인문학으로 이해할 시간!

"신화 속 수많은 고민과 갈등을 해결하는 과정 속에 인문학적 해답이 숨겨져 있지요."

김헌 (서울대학교 인문학연구원 HK교수)

기획·정보 글 김헌 | 글 서지원 | 그림 최우빈

예스어학원
여우네 부대찌개 2층

시원 쌤과 함께하면
영어가 쉬워진다!

YES 어학원

수업만 들어도
영어 단어 연결
100%

여우네 부대찌개

밥처럼

라면 사리
가 쿠폰

예스잉글리시 신입 단원 모집

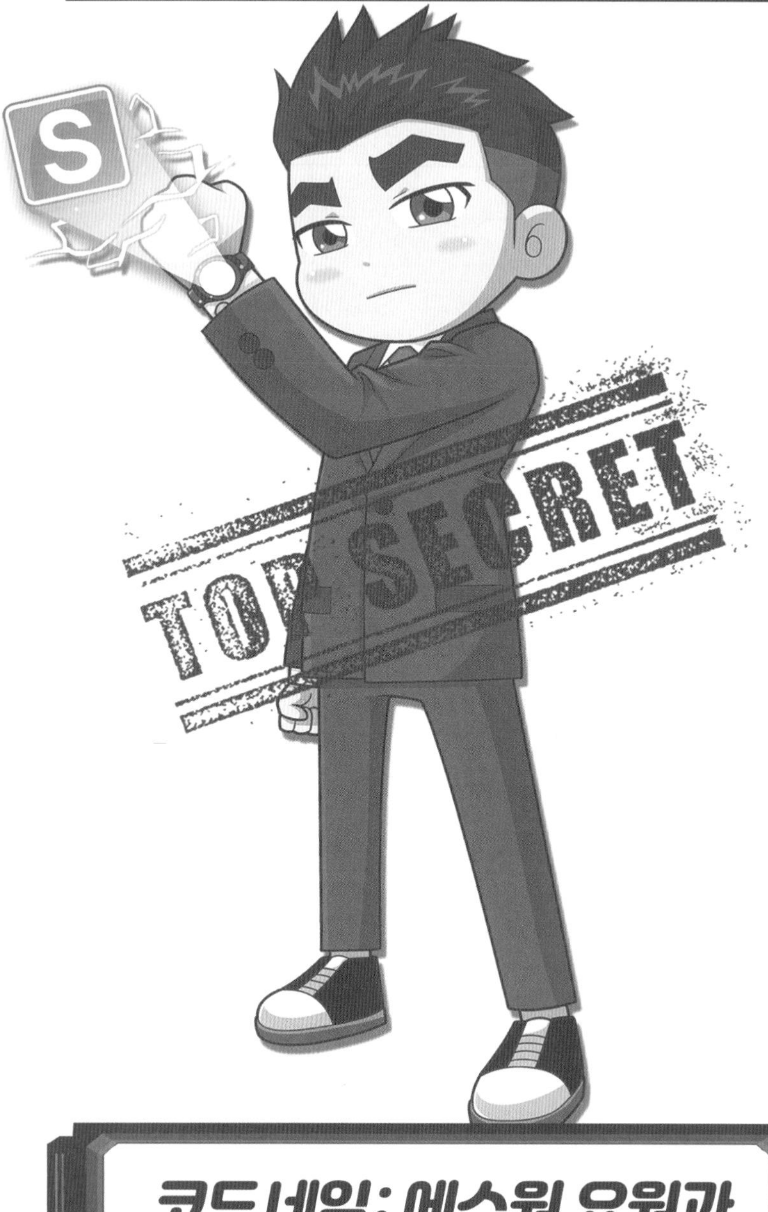

코드 네임 : 에스원 요원과
영어 유니버스를 구하라!